AF298080

DISSERTATION
HISTORIQUE
SUR
UNE MEDAILLE
D'HERODES
ANTIPAS.

10. Septembre 1689.

I. 1208.

A MONSIEUR
BEGON
INTENDANT DE JUSTICE,

POLICE ET FINANCES du païs d'Aunis, des Galeres du Ponant, de la Marine à Rochefort, Conseiller d'honneur au Parlement de Provence, &c.

ONSIEUR,

Je crois qu'entre toutes les curiositez dont je me suis donné l'honneur de vous écrire, il n'y en a aucune qui mérite plus vôtre attention, que la Medaille d'Herodes Antipas, qui m'est tombée depuis peu entre les mains; & qui est sans doute un Monument duquel on peut tirer de grandes utilitez pour la Chronologie.

Les Auteurs des Eres Chrêtiennes qui ont vécu dans les siecles passez, auroient fait des supputations plus exactes; & des Sçavans du dernier siecle & de celuy-ci auroient eu la satisfaction de voir leur sentiment hors des atteintes de la critique, s'ils avoient eu cette preuve entre leurs mains.

Je sçay que la découverte dont je me donne l'honneur de vous entretenir, n'est pas de l'importance des grandes affaires, qui font l'occupation ordinaire de vôtre esprit; & que je pourrois vous dire ce qu'un excellent Poëte disoit à Auguste en luy adressant des vers de sa façon.

Horatius epist. l. 2.

Cùm tot sustineas & tanta negotia solus
. . . . . In publica commoda peccèm
Si longo sermone morer tua tempora.

Il est vray, MONSIEUR, qu'il paroît un crime de vous entretenir de vaines curiositez, dans le temps que vous êtes occupé tout entier à faire reüssir les desseins du plus grand Roy du monde, & à executer les ordres d'un grand Ministre, qui travaille si utilement à la gloire de la France, & à la confusion de ses ennemis ; auquel nous devons la sureté de nos côtes, & la tranquilité de l'Etat.

La part que vous avez à cette importante affaire devroit m'obliger, MONSIEUR, à vous ménager vos momens ; mais comme j'ay connu par moy-même que l'étenduë de vôtre heureux genie n'est jamais tellement occupée des soins de vos grands emplois, qu'il ne vous reste encore assez de loisir pour ne vous pas refuser aux belles lettres : j'ay cru pouvoir vous procurer un divertissement sçavant & digne de vous, en vous communiquant la Médaille dont vous avez déja veu le Type.

Elle m'a été donnée par M. Transfeld sçavant, curieux, & parfaitement honnête homme. Elle est d'Herodes, surnommé Antipas, fils d'Herodes Ascalonite, surnommé le Grand, puis que vous y voyez HPΩΔΗΣ ΤΕΤΡΑΡΧΗΣ d'un côté, avec une palme, qui est la marque de la Judée. Il étoit Tetrarque de Galilée, plus connu par ses desordres que par sa dignité : car ce fut luy qui fit mourir saint Jean-Baptiste : qui traita JESUS-CHRIST avec moquerie, lorsque Pilate l'envoya vers luy pour le

S. Matth. chap. 4.

S. Luc. chap. 23.

A iij

juger : & qui perdit enfin la couronne par un juste jugement de Dieu , étant envoyé en exil, supplice trop leger pour tant de crimes.

Cette Médaille a été frappée l'an 43 de son regne, comme ces caracteres MΓ qui sont à côté nous l'apprennent : & cette année 43 tombe necessairement dans l'une de celles de Caligula, puis que le revers marque ΓΑΙΩ ΚΑΙC. ΓΕΡ. CEB. *ou* ΓΕΡΜΑΝΙΚΩ *si le graveur a bien mis ey dessus*

L'utilité de cette Médaille consiste à rendre l'année de la naissance de Nôtre Seigneur plus certaine : puisque l'on verra cesser les doutes les plus considerables que l'on a sur ce sujet, lors que l'on sçaura au juste le temps de la mort du grand Herodes , pere de celuy-cy : sçachant d'ailleurs par l'Ecriture que JESUS-CHRIST est né quelque temps avant cette mort. Et le temps de la mort du grand Herodes ne pouvant être mieux connu que par une exacte supputation des années du regne de son fils ; puis que la premiere de l'un commence par où finit la derniere de l'autre. Or c'est à quoy cette Médaille nous sera d'un tres-grand secours.

Vous sçavez, MONSIEUR, que jusqu'à present les plus habiles dans la Chronologie n'ont pû s'accorder sur le temps de la mort du grand Herodes. Suivant la supputation de

Joseph, elle doit être arrivée l'an 750. de Rome, & l'an Julien 42 ; ou l'an 751. qui est l'an
Julien 43: & sur ce fondement, il faut mettre
de necessité la naissance de Nôtre Seigneur
avant l'an 750. c'est - à - dire avant l'an Julien 42.

Pour établir mon systeme, il est necessai-
re de supposer que JESUS-CHRIST est
né le 25. de Decembre, & nullement dans le
mois d'Avril, de May, ou de Septembre : sans
quoy je ne pourrois pas dire , comme je fais,
qu'Herodes étant mort l'an Julien 42 qui se
trouve l'an 750. de Rome, il faut de necessité mettre la naissance de JESUS-CHRIST
avant cette année-là , puis que JESUS-CHRIST
pourroit être né la même année qu'Herodes
mourut.

Je sçay qu'il y a de fort habiles gens qui
ne sont pas de mon avis , & qui ne croyent
pas en cela la pratique de l'Eglise bien fon-
dée.

Clement Alexandrin rapporte les diverses
opinions qui avoient cours de son siecle sur
le jour de la naissance de JESUS CHRIST.
Il dit que quelques-uns la mettent l'an 28
d'Auguste, le 25 du mois Pachon (cela re-
viendroit , selon Temporarius , au 20 May
de l'an 750 de Rome.) D'autres, poursuit le
même Auteur, soûtiennent que JESUS-CHRIST

Clemens Alex. l. 1.
Stromat.

Chronol. Tempora-
rii.

eſt né le 24. ou le 25. du mois Phermuthi, c'eſt-à-dire, le 19 ou le 20 d'Avril.

Cette diverſité de ſentimens ſur ce ſujet m'a fait croire que je devois apuyer le mien de quelques autoritez avant que de paſſer outre.

La premiere eſt de ſaint Ambroiſe dans ſon douziéme Sermon ſur la naiſſance de JESUS-CHRIST: Ce Pere fait dans cet endroit un paralelle continuel de cette feſte avec la naiſſance de ſaint Jean-Baptiſte dans l'explication qu'il donne à ces paroles de ſaint Jean : *Illum oportet creſcere, me autem minui.* Cela ſe verifie bien, dit ſaint Ambroiſe, par la ſaiſon où ſont nez JESUS-CHRIST & ſon Precurſeur. Car nous voyons que lors de la naiſſance de JESUS-CHRIST les jours commencent à croître, & ces mêmes jours commencent à diminuer dans le temps de la naiſſance de Jean-Baptiſte. Quand celuy-là vient au monde la lumiere augmente ; & elle diminuë lors de la naiſſance de JEAN-BAPTISTE. Avant que le Fils de Dieu parut la longueur des nuits nous déroboit preſque le jour, & à peine ce divin Sauveur ſe fait voir, qu'il éclaire l'eſprit de l'homme, & le monde en même temps. Et c'eſt dans cette veuë que le peuple appelloit autrefois le jour de Noël le Soleil nouveau, au rapport du même ſaint Ambroiſe,

L'on

L'on voit bien clairement par là que l'E-
glife de Milan, du temps de ce faint Docteur,
celebroit la naiffance de JESUS-CHRIST le
25. de Decembre.

La feconde autorité eft celle de faint Jean
Chryfoftome ; qui reconnoît que par une
tradition conftante l'Eglife d'Occident avoit
toûjours celebré cette fefte à la fin de Decembre. Car dans fon trente-uniéme Sermon,
il dit qu'il n'y avoit alors que dix ans qu'on
avoit cette connoiffance en Orient, au lieu
que depuis la Thrace jufqu'à Cadis, c'eft-à-
dire dans toute l'Eglife d'Occident, on celebroit cette fefte le 25. de Decembre dés le
commencement de l'Eglife.

Il dit enfuite qu'encore en ce temps-là il
y avoit des gens dans fon païs qui doutoient
du temps de cette naiffance, & qui defa-
prouvoient cette fefte comme une invention
nouvelle. Il prend foin dans ce Sermon de
les defabufer, & leur prouve la croyance des
Latins fur ce point par deux raifons.

La premiere eft, qu'il faut s'en rapporter
à la pratique de l'Eglife Latine, parce qu'elle a là-deffus une ancienne tradition, dit ce
Pere, que nous n'avons pas. Car de tout
temps les Latins ont celebré cette fefte
le 25. Decembre, comme nous commençons
de faire. Ils ont pour cela les Archives pu-

vulgus apellet quod
libenter amplecté-
dum nobis eft, quia
oriente Salvatore,
non folùm humani
generis falus, fed
etiam folis ipfius
claritas innovatur.
S. Ambr. ferm. 46.
de natali Domini.

Et quidem non-
dum decimus an-
nus eft ex quo hic
ipfe dies manifefte
nobis innotuit. . .
multos inter fe de
eo difceptare pro-
be novi. Breviter
multus utique de
hoc die fermo par-
tim incufantium
quafi novus fit, &
recés invectus, par-
tim eundem propu-
gnantium tanquam
antiquum admodû
& vetuftum, & jam
inde à primordio
ab ipfa Thracia ad
Gades ufque mani-
feftus ac celebris
fuerit.
S. Chryfoft. ferm. 31.
in natale Domini.

S. Chryfoftomus ibid.

B

bliques, où il n'y a qu'à recourir pour voir
dans les denombremens faits par l'ordre d'Augufte celuy où fe trouve le nom du Sauveur:
il leur eft aifé de voir en quel temps fut
dreffé ce Regiftre, & ainfi c'eft à leur ancienne coûtume qu'il faut s'en rapporter.

La feconde preuve eft demonftrative, fe-
lon ce Pere. Il eft conftant, dit-il, que la
" fainte Vierge conçut le Verbe dans le fixiéme
" mois de la groffeffe de fainte Elifabeth, puis
" que l'Ange le luy dit pofitivement lors qu'il
" vint luy annoncer les deffeins de Dieu fur
" elle. Il refte à fçavoir en quel temps conçut
" Elizabeth. Pour fçavoir quel eft le fixiéme
" mois de fa groffeffe, il n'y a qu'à fçavoir
" en quel temps l'Ange prédit à Zacharie,
" que fa femme alloit devenir enceinte. On
" trouve que l'Ange fit cette prédiction à Za-
" charie, lors qu'il eftoit dans le Saint des
" Saints, & qu'il y faifoit les expiations, fe-
" lon faint Luc.
" 	Il eft fûr, pourfuit ce Pere, que le Grand
" Prêtre n'entroit dans cet endroit qu'une fois
" l'an, lors de la fefte des Tabernacles, fur la
" fin du mois de Septembre. Si donc, dit
" faint Chryfoftome, Elizabeth ne conçut qu'à
" la fin de Septembre, elle n'étoit en fon fixié-
" me mois que vers la fin de Mars : car il faut
" compter Octobre, Novembre, Decembre,

S.Chryfoftomus ibid.

S. Luc chap. 1.

Janvier, Fevrier & Mars. Il faut donc fixer «
le temps de la Conception du Verbe à la fin «
de Mars ; & par consequent sa naissance à «
la fin de Decembre, qui est le neuviéme mois «
depuis celuy de Mars ; aussi voyez-vous, mes «
freres, que c'est au 25. de Decembre que nous «
solennisons cette feste. «

Je n'ay fait jusqu'ici, Monsieur, que
traduire saint Chrysostome, ou du moins
l'abreger ; ainsi je n'ay que faire d'entrer dans
ce qui touche Zacharie, ni le lieu où il brû-
loit l'encens, n'employant cette autorité que
pour fixer le temps de la naissance de Jesus-
Christ avant l'an Julien 42, le 750 de Rome ; parce qu'Herodes étant mort vers le mois
de Decembre de cette année, il est impossi-
ble que Jesus-Christ ne soit né avant
cette année-là, puis qu'il est né un vingt-
cinquiéme de Decembre.

Josephe donc, pour revenir où j'en étois,
met la mort d'Herodes l'an 750 ; & sur ce
fondement il faut mettre la naissance de
Jesus-Christ avant cette année-là.

Le sentiment de Josephe a eu en cela ses
approbateurs & ses adversaires. Les uns ont
soûtenu que cet Auteur méritoit plus de
creance pour les affaires des Juifs, & même
pour les étrangeres, que ceux qui ont écrit
sur le même sujet.

B ij

Les autres foûtiennent au contraire, qu'on ne sçauroit s'empêcher de tomber en d'étranges embarras, si l'on s'attache à suivre le sentiment de cet Auteur: Ils ajoûtent que Josephe n'est gueres exact en la Chronologie; qu'il ne mérite point qu'on ajoûte foy à ce qu'il dit, puis qu'il s'est trompé dans l'année même de sa naissance.

Le sçavant Cardinal Baronius est le Chef de ce dernier parti, & il prétend que l'on doit corriger ce que dit Josephe touchant la mort du grand Herodes par ce qu'Eusebe en a écrit.

L'autorité de ce grand Cardinal a entraîné presque tous les Historiens qui sont venus après luy : en sorte que Scaliger & le Pere Petau, qui sont d'un sentiment opposé, n'ont pû jusqu'ici détromper le public sur ce point de Chronologie, qui cependant met la confusion dans l'Histoire pendant plus d'un siecle.

Car enfin tous ceux qui écrivent supposent, comme il est vray, que le grand Herodes est mort aprés la naissance de J E S U S-C H R I S T ; puis que ce fut luy qui fit mourir les Innocens : & cependant ceux qui s'écartent du sentiment de Josephe mettent, sans le vouloir, l'année de la naissance de J E S U S-C H R I S T quelques années aprés l'année veritable de la mort du grand Herodes.

Ils mettent communément la naiſſance de
JESUS-CHRIST, les uns l'an 41, les autres
l'an 42. 43, & enfin d'autres l'an 44 de l'Empire d'Auguſte : c'eſt-à-dire, les années de
Rome 751. 752. 753. & 754 ; & ne répon-
dent à l'autorité de Joſephe, qui met la mort
d'Herodes environ l'an 750 de Rome, &
l'an 40 de l'Empire d'Auguſte, que par
des injures, & en ſe récriant ſur ſon igno-
rance ou ſur ſa malice.

Ce n'eſt pas ſeulement depuis ce dernier
ſiecle que l'on a abandonné Joſephe : toutes
les Eres Chrêtiennes des Anciens ſont differentes de celle que l'on tire de cet Auteur,
les unes plus, les autres moins.

L'Epoque des Alexandrins met la naiſſance de JESUS-CHRIST en 751 de la ville de
Rome, l'an 41. d'Auguſte, & l'année Julienne 43. Cette Epoque eſt encore en uſage
dans tout le Patriarchat d'Alexandrie.

L'Epoque des Chrêtiens du Patriarchat
d'Antioche met la naiſſance de JESUS-CHRIST
l'année 44 de l'Empire d'Auguſte, l'année
Julienne 46, & l'an 754 de la ville de Rome.

Denys le petit Moine de Scythie, qui
avoit paſſé une partie de ſa vie à Rome, ou
dans le Monaſtere que Caſſiodore avoit fon-

dé dans la Calabre, fit une Ere Chrêtienne pour les Latins. Cette Ere met la naissance de Jesus-Christ l'an 754 de la ville de Rome, l'an 44 d'Augufte, & l'année Julienne 46, en forte que les Latins & ceux d'Antioche fuivent la même Epoque, avec cette feule difference, que les uns commencent de compter les années de Jesus-Christ par fa naiffance, & les autres par fon incarnation.

Toutes ces differentes Epoques font tresbien expliquées dans la fçavante differtation que le P. Pagi a compofée fur la periode Grec-Romaine, qu'il a mife à la tefte de fon premier volume des corrections fur la Chronologie de Baronius.

Le public eft extrememement obligé à ce fçavant homme, non feulement de ce dernier ouvrage, par le moyen duquel on redreffe la Chronologie de l'Hiftoire Ecclefiaftique, mais encore de l'invention qu'il nous a donnée pour fixer le temps des Confulats, & d'une nouvelle periode qu'il appelle Grec-Romaine.

De tout ce que je viens de dire, je conclus, Monsieur, qu'aucune des Eres Chrêtiennes ne s'accorde avec la Chronologie de Jofephe, & qu'aucun de leurs Auteurs n'a fuivi cet Hiftorien; & moins encore fupputé comme luy le temps de la mort du grand Herodes. Ils se font, aussi bien que les Peres de l'Eglise, contentez de suivre Eusebe, lequel se fait fort de l'autorité de Joseph, quoy qu'il ne suive point sa Chronologie.

Eusebius in Chronico.

Personne dans les siecles passez ne s'étant avisé d'examiner si Eusebe citoit Josephe bien ou mal, & si l'année où il mettoit la mort d'Herodes, étoit celle où Josephe l'avoit mise. Ce ne fut que vers la fin du dernier siecle que l'on s'avisa de discuter qui s'étoit trompé des deux, ou Eusebe, ou Josephe; car on s'apperçut alors que le premier n'avoit pas suivi l'autre.

La prévention étoit pour Eusebe, il étoit Chrêtien, & avoit composé une Histoire de l'Eglise : d'ailleurs il s'agissoit de combattre le sentiment de tous les siecles qui ont suivi la naissance de Jesus-Christ, & toutes les Epoques dont les Chrêtiens s'étoient servis.

Kepler Mathematicien de l'Empereur Rodolphe, dit qu'un Protestant, qui vers la fin du dernier siecle professoit publiquement à Heydelberg, fut le premier qui enseigna que l'on devoit fixer la naissance de Jesus-Christ suivant les principes de Josephe.

Kepler de anno natali Christi, p. 27.
Michael Mæstlinus in Academia Tubingensi anno 1601. aut 1602. Kepler resp. ad Calvis. p. 4. At Justiga-thæses suas propugnavit die 1. Marï 1605. Sed primasse ex Kerius van... anno 1600.
Kepler mathematicien M. de l'empereur Rodolphe 2. et ensuite de Matthias.

Quelque temps aprés Jean Deker Jesuite, & Professeur à Vienne en Autriche, propo-

Petau l. 12. c. 6. dit que le premier de tous, ç'a esté le P. Deker, l'esperance que Mæstlin l'a soutenu sans en faire un livre.
= a Gratz en Styrie

fa le même fentiment dans une Thefe publique.

Comme ce fentiment qui paroiffoit nouveau & fingulier, partagea les efprits, Deker
fit un Livre pour l'appuyer : mais le General
des Jefuites ne voulut point permettre qu'on
l'imprimât ; parce qu'il renverfoit toute la
Chronologie de Baronius , & qu'il fembloit
décrediter cet ouvrage , duquel l'Eglife re-
cevoit de fi grands biens. On crut donc de-
voir empêcher cette atteinte , dont les Here-
tiques n'auroient pas manqué de profiter ,
pour diminuer la reputation de ce grand
homme, & pour affoiblir fon autorité en
des points effentiels à la foy , par la liberté
que l'on prendroit de le combattre en des
points d'Hiftoire.

Aujourd'huy que l'on n'apprehende plus
un piege fi groffier , parce que l'on fçait donner à la foy & à la fcience, le rang que cha-
cune mérite ; les plus fçavans n'ont plus de
difficulté d'embraffer le parti de Jofephe, &
foûtiennent que cet Auteur a été d'une exa-
ctitude finguliere en ce point.

Je ne doute pas, MONSIEUR, que vous
ne regardiez l'autorité de Jofephe , comme
d'un tres-grand poids , & particulierement
fur les chofes qui fe font paffées prefque
dans fon temps. Eufebe [a] dit qu'il étoit efti-
mé

mé chez les Juifs & chez les Romains l'E-
crivain le plus exact; de forte qu'on éleva
à Rome une statuë à son honneur en recom-
penfe de fon rare mérite, & que l'on y re-
cueillit fes écrits avec foin, pour les mettre
dans la Bibliotheque publique. Saint Jerô-
me [b] & le fçavant Photius [c] le font paffer
pour le plus fidele guide que nous ayons
dans l'Hiftoire; & de nos jours [d] Scaliger &
le P. Petau [e], qui font les deux plus grands
hommes qui ayent été en fait de Chronologie, ne parlent de Jofephe que comme du
plus exact & du plus fincere Hiftorien qui
ait jamais écrit. Ayant d'auffi bons garants
que les grands hommes que je viens de ci-
ter, j'efpere que vous me permettrez, MON-
SIEUR, de me fervir de fon autorité, laquelle je prendray foin de fortifier par d'autres Monumens dans les points les plus effentiels.

Jofephe dit [f] qu'Herodes mourut l'an 37.
aprés qu'il eut efté declaré Roy par les Romains, & l'an 34. aprés la mort d'Antigonus.

Il dit [g] ailleurs que ce Royaume fut donné
à Herodes par Marc-Antoine & par Augufte,
Domitius Calvinus étant Conful pour la feconde fois, avec Afinius Pollio. Ce Confulat tombe l'an 714 de Rome.

b *S. Hieron. in Ca-*
tal. fcript. eccl.
c *Photius in Biblio-*
th.
d *Scaliger in proleg.*
emen. temp.
e *Petav. de doctr.*
temp.

f *Jofeph. l. 17. ch.*
10.

g *Jofeph. l. 14. ch.*
26.

C

Noris. Cenotaphia Pisana differt. 2. cap. 6. p. 141.

Le P. Noris, qui eſt un des plus ſçavans hommes d'Italie, prouve invinciblement que cette nomination ſe fit vers le mois de Septembre ou d'Octobre 714. Si donc lors qu'Herodes eſt mort il étoit en la 37. année de ſon regne, il s'enſuit qu'il eſt mort en l'an de Rome 750 ou 751, puis que l'année 37. depuis 714 commença en Octobre 750, & finit en Octobre 751.

Dion. l. 49.

Dion ne parle point de cela ni ne parle que de l'an 716.

A ſuivre Dion, on trouve le même nombre d'années depuis la nomination d'Herodes juſqu'à ſa mort; puis qu'il met, auſſi bien que Joſephe cette nomination l'an 714 de Rome; c'eſt-à-dire l'an Julien 6. mais ils different en ce que Dion met le ſiege de Jeruſalem, & la défaite d'Antigonus par Herodes & Soſius ſous le Conſulat de Claudius Pulcher & de Norbanus Flaccus, l'an 716. c'eſt-à-dire l'an Julien 8. & qu'il commence par-là les 34 ans de la ſeconde Epoque du regne d'Herodes; au lieu que Joſephe met à la verité les guerres d'Herodes contre Antigonus ſous ce même Conſulat l'an 716, & l'an Julien 8. mais il met le ſiege de Jeruſalem, & la mort d'Antigonus, qui donna lieu à la ſeconde Epoque du regne d'Herodes ſous le Conſulat de Vipſanius Agrippa & de Caninius Gallus, qui tombe l'an de Rome 717, & l'an Julien 9.

La difference d'un an qui se trouve entre
ces deux Auteurs, n'empêche point, comme
vous voyez, Monsieur, qu'on ne compte
37. ans depuis la nomination d'Herodes jufqu'à sa mort ; puis que l'un & l'autre mettent
cette nomination en 714, qui est l'an Julien
6. de sorte que, selon ces deux Auteurs, Herodes commence à la fin de l'an Julien 42.
de Rome 750 la 37. année de son regne, qui
est celle de sa mort.

Cette même difference n'empêche pas non
plus qu'on ne trouve les 34 ans de la secon-
Epoque du regne d'Herodes, quand même
l'on suivroit exactement la Chronologie de
Dion, puis que l'on trouve 34 ans commen-
cez depuis l'an 717 de Rome, qui est l'an
Julien 9. jusques en 750, & l'an Julien 42.

Il est donc vray qu'Herodes le grand est
mort, selon Dion & Josephe, l'an 750. de
Rome, & environ l'an Julien 42.

Or comme il est constant par l'Ecriture
que JESUS-CHRIST est né avant la mort
d'Herodes, il s'enfuit qu'il est né avant l'année 750 de Rome ; suppofant toûjours que
JESUS-CHRIST est né le 25. Decembre : &
qu'ainfi tous ceux qui mettent cette naiffan-
en 751, ou qui l'approchent plus de nous, fe
font trompez, & plus encore ceux qui mettent la mort d'Herodes en 759.

C ij

Jusqu'à present on éludoit la force de l'autorité de ces deux Auteurs, parcequ'elle manquoit d'une preuve convancante pour l'appuyer. Aujourd'huy ce ne peut plus être la même chose; parce que la Médaille dont je vous envoye l'empreinte contient cette preuve importante : elle nous convainc que la mort d'Herodes est arrivée l'an 750 de Rome, & l'an Julien 42 : & met heureusement fin par ce moyen à une difficulté qui paroissoit insurmontable.

S'il m'étoit permis dans une lettre de faire des digressions, que l'on souffre dans de grands Ouvrages, je croirois ne pouvoir me dispenser de faire sentir à ceux qui regardent la science des Médailles comme une occupation inutile, de quel service peut-être cette sorte d'étude à tous les Sçavans, en mille occasions importantes : mais il faut achever la preuve que j'ay commencée, sans m'éloigner de mon sujet : & pour cela, permettez-moy, Monsieur, de rapporter quelques endroits de la vie d'Herodes qui me paroissent absolument necessaires.

Josephe dit que tout Jerusalem croyant qu'Herodes ne pouvoit échaper de la maladie qu'il eut, lors qu'il approchoit de l'an 70 de sa vie. (Cette année revient à l'an Julien 42, & 750 de Rome.) Tout Jerusalem,

Lib. 17. cap. 8.

Cum jam ad septuagesimum annum accederet. ibid.

dis-je, croyant que ce Prince ne pouvoit
échapper de cette maladie, quelques Juifs
zelez firent une émeute, & abattirent une ai-
gle d'or qu'Herodes, pour flater les Romains, avoit fait mettre sur la porte du Tem-
ple. Il eut pourtant assez de vie pour vouloir être Juge de cette affaire, & assez de
cruauté pour ordonner que les conjurez fus-
sent brûlez tout vifs.

Josephe remarque que la nuit de cette exe- *Joseph. l. 17. cap. 7.*
cution, il arriva une éclipse de lune ; & que *8. 9.*
dans ce même temps Herodes ayant convain-
cu son fils Antipater de divers crimes énor-
mes, députa vers l'Empereur, luy exposa les
crimes de son fils, & luy demanda quelle
justice il luy plaisoit qu'il en fit.

Pendant le voyage de ce député, qui partit de Jerusalem vers le mois de Mars de l'an =
Julien 42. c'est-à-dire, cinq ou six semaines
avant l'an 750. la maladie d'Herodes au-
gmenta considerablement. Josephe remarque
que ce Prince usa de quantité de remedes;
que voyant que son mal empiroit, il alla
prendre les bains de Callirhoé : mais ses dou-
leurs devenant toûjours plus violentes, il se
retira dans sa maison de Jericho, d'où il
donnoit ses ordres pour le gouvernement de
l'Etat. Celuy qu'il avoit envoyé à Rome l'y
trouva, & luy apporta la permission de pu-

C iij

nir fon fils de la maniere qu'il le trouve-
roit à propos.

L'Hiftorien remarque que cette nouvelle
fit plaifir à ce pere cruel , mais qu'il ne fe
fervit pas de fon pouvoir tout auffi-tôt. Il
attendit à l'extremité de fa vie; & lorsqu'un
accident qui luy arriva, ayant fait croire à
tout le monde qu'il étoit mort , fon fils en
fit paroître de la joye , & voulut traiter de
fa liberté avec le Capitaine que l'on avoit
commis à fa garde. Cet Officier en étant
venu rendre compte au Roy, outré déja de
tant d'autres crimes , il donna ordre qu'on
fit mourir Antipater dans la prifon où il
étoit , fuivant la permiffion qu'il en avoit
de l'Empereur.

Enfuite il fit fon dernier Teftament, dans
lequel il declara Herodes Antipas fon fils
Tetrarque de Galilée & de la Perée, donnant
le Royaume à Archelaüs , & à Philippe fon
autre fils la Trachonite avec quelques autres
Terres. Aprés quoy , dit Jofephe , il mourut
cinq jours aprés avoir fait mourir Antipater
l'an 34 aprés la défaite d'Antigonus, & l'an
37 aprés fa nomination.

Je ne vous aurois pas fait , MONSIEUR,
un fi long détail de ce qui fe paffa en Judée
depuis qu'Herodes eut envoyé un député à
Rome, jufques à la mort d'Antipater , n'é-

Jofeph. l. 17. cap. 10.

toit qu'il eſt important de faire réflexion que l'intervalle ne doit pas être petit, puis que pendant ce temps-là il a falu que ce député fit deux fois une longue navigation, qu'il fut expedié à la Cour d'Auguſte; & puis que l'on voit même qu'aprés ſon arrivée le Roy attendit que ſon fils commit un nouveau crime, avant que de ſe reſoudre à ſe ſervir du pouvoir qu'il avoit receu.

Herodes étant mort, ſes enfans allerent à Rome faire ratifier le Teſtament de leur pere, ou pour le faire changer. L'affaire examinée dans le Conſeil de l'Empereur, il fut reſolu qu'Archelaüs auroit le nom d'Ethnarque, avec la moitié des terres que ſon pere luy avoit laiſſées; & que l'autre moitié ſeroit partagée entre Philippes & Herodes Antipas. Ce dernier fut fait Tetrarque de Galilée, ſuivant le Teſtament de ſon pere.

Pendant le regne d'Herodes, ſurnommé Antipas, Agrippa fils d'Ariſtobule, l'un des enfans du grand Herodes, fut mis en priſon chargé de chaînes par l'ordre de Tibere; parce qu'il s'étoit trop librement expliqué ſur le deſir qu'il avoit de voir paſſer l'Empire entre les mains de Caligula, dont il étoit favori.

Tibere étant mort, Caligula fit de grands honneurs à Agrippa, & luy donna le Tetrar-

Joſeph. l. 8. cap. 8, 9.

cat de Philippe son oncle avec le nom de Roy. Cela arriva vers le milieu du mois de Mars de l'an Julien 81. vers le commencement de l'an 790 de Rome, & l'an 37. de JESUS-CHRIST.

Joseph. l. 18. cap. 8.

L'année d'aprés, c'est-à-dire l'an 38 de JESUS CHRIST, l'an Julien 82, & l'an 791 de Rome, Agrippa eut permission de l'Empereur d'aller en son Royaume, aprés s'être engagé de retourner le plûtôt qu'il luy seroit possible.

Herodias sœur d'Agrippa & femme d'Herodes Antipas, voyant son frere dans une plus grande élevation que son mari, pressa si fort Herodes de se procurer un pareil honneur, qu'enfin ce Prince, lassé des importunitez de sa femme, se resolut d'aller à Rome demander à l'Empereur qu'il ajoûtât quelque nouvelles terres à son domaine, & le titre de Roy à ses autres qualitez.

Agrippa informé du dessein de son Oncle, députa en même temps un de ses gens nommé Fortunat vers l'Empereur, pour luy donner des ombrages de la puissance d'Herodes, & des liaisons qu'il entretenoit avec les ennemis de l'Empereur.

Herodes & Fortunat arriverent à Pouzzolé presque en même temps, & saliierent l'Empereur à Bayes. Ce fut, comme je le

prouveray

prouveray encore mieux l'an Julien 83, le 3.
de Caligula, & l'an de Rome 792. Aussi Dion
rapporte que cette année l'Empereur alla à
Bauli à trois milles de Pouzzol, où il pas-
soit son temps à visiter les Palais de ses pre-
decesseurs, qui étoient tres-magnifiques &
tres-nombreux en cette contrée.

Dion. l. 59.

L'Empereur, aprés avoir donné audience
à Herodes, lut les lettres d'Agrippa. Elles
luy avoient été déja renduës par Fortunat,
qui étoit arrivé le premier à la Cour. Ces lettres portoient qu'on devoit se défier d'Herodes, lequel aprês être entré dans le parti de
Sejan lors de sa conspiration contre Tibere,
entroit alors beaucoup dans les interests d'Ar-
taban, qui vouloit secoüer le joug de l'Empereur.

Pour donner encore plus de vraysemblan-
ce à cette accusation, Agrippa faisoit remar-
quer à l'Empereur dans ses lettres, qu'Herodes avoit fait de grands preparatifs, & que
dans ses arsenaux il avoit dequoy armer soi-
xante-dix mille hommes.

Cette derniere reflexion fit sur l'esprit de
l'Empereur tout l'effet qu'Agrippa s'en étoit
promis, il demanda à Herodes s'il étoit vray
qu'il eût cette grande quantité d'armes dont
on luy avoit parlé; & sur l'aveu que ce Prince luy fit de ses forces, l'Empereur le croyant,

Itaque Cajus si-
mul ab Herode sa-
lutatus est, priorem
enim eum admise-
rat. Simul Agrip-
pæ perlegit litteras
accusantes Hero-
dem, quod priùs
cum Sejano conspi-
rasset contra Tibe-
rium, & nunc ite-
rùm Artabano Par-
tho faveret contra
Caii novum impe-
rium: argumento
erat ipsius Tetrar-
chæ apparatus, qui
in armamentariis
suis haberet tantum
armorum quantum
instruédis virorum
septuaginta milli-
bus sufficeret. Qua-
re Cæsar commo-
tus percunctatus est
Herodem vera ne
essent quæ nuncia-
rentur de armorum
numero. Quo an-
nuente neque enim
verum negare pote-
rat, satis proba-
tam putans defec-
tionem, ademptam
illi Tetrarchiam ad
Agrippæ regnû ad-

D

dit Josephe, suffisamment convaincu de quelque dessein contre l'Etat, il le dépoüilla de son Tetrarcat, qu'il ajoûta au domaine d'Agrippa, & relegua à Lyon ce malheureux Prince, d'où il passa sans doute en Espagne, comme nous voyons quelque part dans Josephe.

Ceci se passa infailliblement à Bayes vers la fin du mois d'Octobre ou de Novembre de l'an de Rome 792. l'an Julien 84, & l'an 3. de Caligula : puis que ce fut cette année que l'Empereur reçut à Bayes la lettre d'Agrippa ; & que sur cette lettre il dégrada Herodes, comme Joseph le dit clairement dans l'endroit que je viens de rapporter.

A la verité l'Empereur fut à Bayes l'année d'aprés, dans la même saison, c'est-à-dire vers le mois de Novembre de l'an de Rome 793, de l'an Julien 85, & l'an 4. de son regne : mais alors la destitution étoit faite, puis qu'Agrippa, qui suivit l'Empereur de Rome à Bayes, y étoit en personne, & non pas Fortunat, & qu'il étoit déja investi des terres d'Herodes, comme il le dit luy-même dans Philon. Vous m'avez fait Roy, Seigneur, c'est la condition la plus heureuse où un mortel puisse pretendre. Le Royaume que vous m'avez donné ne contenoit au commen-

jecit, Herodem vero perpetuo damnavit exilio apud Lugdunum.
Joseph. l. 18. cap. 5.

de la guerr. des Juifs, livre 2. c. 16.

non mais au 31. le 31. aoust

Donasti mihi regnū quâ forte nulla inter mortales felicior. Id cum priùs unam regionem non excederet djunxisti majorem Iteram Trachoni -

cement qu'une Province, vous avez daigné y ajoûter la Thraconite & la Galilée. Une troisiéme raison qui acheve de prouver que dans ce voyage de Bayes & cette année 793 de Rome, Herodes étoit déja dépoüillé de ses Etats; c'est que Josephe en supputant les années d'Agrippa, dit qu'il regna quatre ans sous Caligula; sçavoir trois ans dans le Tetrarcat de Philippe, & le quatriéme dans celuy d'Herodes. Il faut donc qu'Herodes ait été Tetrarque pendant les trois premieres années de Caligula, c'est-à-dire l'an 790. 791. & 792. puis qu'Agrippa en fut investi en même temps qu'Herodes en fut dépoüillé, & qu'il ne le posseda que l'an 4. de Caligula, c'est-à-dire l'an 793. Or le quatriéme an de Caligula commence en Mars de l'an Julien 85, qui est le commencement de l'an 793 de Rome, & l'an 40. de JESUS-CHRIST, selon l'Ere vulgaire. Il est donc tres-vray que l'année d'auparavant, c'est-à-dire à la fin de l'an Julien 84, l'an 39 de J. C. & vers le mois de Decembre de l'an 792 de Rome Herodes avoit été exilé.

Au reste cette destitution, qui suivant ce que je viens de dire n'a pas été faite en l'année 4. de Caligula, ne peut être arrivée que dans le temps que j'ay marqué, parce que l'Empereur partit de Rome pour son voyage d'Angleterre dans le mois de Decem-

tim & Gali' ns.
Agrippa apud Philonem in legat. ad Caium.

Regnavit Agrippa per septennium, 4 enim annos sub Caio Cæsare obtinuit regnum, primum in Philippi Tetrarchia per triénium, cui quarto demum anno accessit & Herodis Tetrarchia. Tribus deinde annis sub Claudio Cæsare. *Joseph. l. 19. cap. 7.*

Tertium Lugduni iniit folus. *Sueto-nius in Caio cap.* 17. & 49.

fuet. c. 49.
Et il avoit pourtant averti Agrippa pour lon maitre de Tyrannie. Scio, en 793.

avant le 31. Aout 792.

2. avril

bre de l'an 792, en forte qu'il arriva à Lyon le premier Janvier de l'année Julienne 85. puis qu'il y prit fon troifiéme Confulat ; de là il continua fa route en Angleterre, d'où il ne fut de retour à Rome que le 31. Aouft de l'année 793. Afin donc d'accorder enfemble, qu'Agrippa ne regna dans le Tetrarchat d'Herodes que l'an 4. de Caligula, & qu'Herodes ait été condamné à Bayes fur les lettres d'Agrippa, il faut de neceffité que cette dégradation ait été faite en Octobre ou Novembre de l'an 792 de Rome, l'an Julien 84, & l'an 39 de J e s u s-C h r i s t.

De tout ce raifonnement, je conclus que cette Médaille a été frappée en Galilée vers le mois d'Octobre ou de Novembre de l'an Julien 84, l'an 792 de Rome, & 39. de J e s u s-C h r i s t, pour l'an 43 du regne d'Herodes, & dans le temps que ce Prince étoit à Rome, foit qu'il fut déja condamné ou non, car alors on commençoit à frapper dans fon païs les Médailles & les monnoyes de l'an 43. de fon regne, quoy qu'il ne fut encore qu'à la fin de fa 42. comme l'on a toûjours pratiqué, & que l'on pratique encore aujourd'huy dans nos fabriques des monnoyes ; ou dans les derniers mois de l'année l'on frappe les monnoyes de l'année d'aprés. De forte qu'il n'eft pas extraordinaire de voir des Médail-

AVANT LA MORT D'HERODES LE GRAND.

Années de la periode Julienne.	Années de Rome.	Années Juliennes.	Années de l'Empire.	Des Rois de Judée.	D'Antioche.	De Jesus-Christ, selon l'Ere vulgaire.
4669	709	1				
4670	710	2				
71	711	3	1			
72	712	4	2			
73	713	5	3			Herodes le Grand fut nommé Roi l'an 714. au mois d'Octobre.
74	714	6	4	1		
75	715	7	5	2		
76	716	8	6	3		L'époque des 34. ans du regne d'Herodes commence, selon Dion, en 716. & en 717. selon Josephe.
77	717	9	7	4		
78	718	10	8	5		
79	719	11	9	6		
4680	720	12	10	7		
81	721	13	11	8		
82	722	14	12	9		
83	723	15	13	10	1	commence à la Ba-
84	724	16	14	11	2	taille d'Actium.
85	725	17	15	12	3	
86	726	18	16	13	4	
87	727	19	17	14	5	
88	728	20	18	15	6	
89	729	21	19	16	7	
4690	730	22	20	17	8	
91	731	23	21	18	9	
92	732	24	22	19	10	
93	733	25	23	20	11	
94	734	26	24	21	12	
95	735	27	25	22	13	
96	736	28	26	23	14	
97	737	29	27	24	15	
98	738	30	28	25	16	
99	739	31	29	26	17	
4700	740	32	30	27	18	
1	741	33	31	28	19	
2	742	34	32	29	20	
3	743	35	33	30	21	
4	744	36	34	31	22	
5	745	37	35	32	23	
6	746	38	36	33	24	
7	747	39	37	34	25	
8	748	40	38	35	26	
9	749	41	39	36	27	
4710	750	42	40	37	28	Eclipse de Lune le 13. Mars 3. h. aprés minuit, Herodes meurt au mois de Novembre.

APRES LA MORT D'HERODES LE GRAND.

Années de la période Julienne.	Années de Rome.	Années Juliennes.	Années de l'Empire.	Des Rois de Judée.	De J. C. selon l'Ere vulgaire.	Herodes Antipas.
4710	750	42	40 AUGUSTE.	1 Arche-		1 commençant
11	751	43	41	2 laüs.		2 vers le mois
12	752	44	42	3		3 de Decembre
13	753	45	43	4		4
14	754	46	44	5	1	5
15	755	47	45	6	2	6
16	756	48	46	7	3	7
17	757	49	47	8	4	8
18	758	50	48	9	5	9
19	759	51	49	10 relegué	6	10
4720	760	52	50		7	11
21	761	53	51		8	12
22	762	54	52		9	13
23	763	55	53		10	14
24	764	56	54		11	15
25	765	57	55		12	16
26	766	58	56		13	17
27	767	59	{ 57 mort d'Auguste.		14	18
28	768	60	{ 1 TIBERE.		15	19
29	769	61	2		16	20
4730	770	62	3		17	21
31	771	63	2		18	22
32	772	64	5		19	23
33	773	65	6		20	24
34	774	66	7		21	25
35	775	67	8		22	26
36	776	68	9		23	27
37	777	69	10		24	28
38	778	70	11		25	29
39	779	71	12		26	30
4740	780	72	13		27	31
41	781	73	14		28	32
42	782	74	15		29	33
43	783	75	16		30	34
44	784	76	17		31	35
45	785	77	18		32	36
46	786	78	19		33	37
47	787	79	20		34	38
48	788	80	21		35	39
49	789	81	22		36	40
4750	790	82	23		37	41
51	791	83	{ 24 Tibere meurt.	Agrippa	38	42
52	792	84	{ 1 CALIGULA.	1	39	43 commence
53	793	85	2	2	40	vers le mois
4754	794	86	3	3	41	de Decem-
			4	4		bre.
			{ 5 Caligula meurt. { 1 CLAUDE.	5		

les d'un Prince dattées d'une année avant laquelle il eſt mort.

Ce n'eſt pas qu'Herodes Antipas n'ait pû atteindre l'an 43. de ſon regne ; car il fut exilé vers le mois de Decembre de l'année Julienne 84, de Rome 792 , & l'an 39 de JESUS-CHRIST, comme je crois l'avoir ſuffiſamment prouvé, & il avoit commencé de regner environ le même mois de l'an Julien 42. 750 de Rome, puiſque ce fut en ce temps-là que mourut le grand Herodes ſon pere

Il me ſemble que pour achever de prouver ce point, je ne puis rien faire de mieux que de donner une ſuite des années Juliennes & de celles de Rome depuis la nomination du grand Herodes, juſques à la deſtitution de ſon fils, & d'appliquer ſur cette échelle les 37 années que Joſephe donne au regne du pere, & les 43 que ma Médaille donne à celuy du fils, ſuppoſant, comme il eſt vray, que le grand Herodes a été nommé l'an 714 de Rome, & que ſon fils a été dépoüillé en 792.

Il s'enſuit de là bien évidemment, ce me ſemble, que la mort du grand Herodes ne ſçauroit être placée ailleurs qu'à la fin de l'an Julien 42 de l'an 40. d'Auguſte, & en 750 de la ville de Rome.

Et ce qui ſert d'une grande confirmation

Livileium.

Ex vol. jejunii a-
pud Livileium &
Usserium. *1555.*
Joseph. l. 2. cap. 6.
Ant. l. 18. cap. 15.
Dion. l. 55.
(et autres preuves ne sont point tirées de la medaille.)

nom mis à Vienne.

le 13.

Question de l'interregne.

à ce systheme, c'est, MONSIEUR, en premier lieu, que les Juifs celebrent une feste le 7. de leur mois *Casleu*, qui est le 25. de Novembre, suivant nôtre façon de compter, pour remercier Dieu d'avoir fait mourir en ce jour le grand Herodes ennemi mortel de leur religion. En second lieu, Josephe dit qu'Archelaüs, fils d'Herodes le grand, regna neuf ans, & qu'il fut ensuite relegué à Lyon l'an 10. de son regne. Dion, qui rapporte cette histoire, dit que cette dégradation arriva l'an 759. de Rome, & sous le Consulat de M. Æmilius Lepidus & de L. Aruntius Nepos. Il faut donc necessairement que son pere soit mort en 750, & l'an Julien 42, sans quoy Archelaüs ne pouvoit pas avoir eu neuf ans de regne lors de ce Consulat, & moins encore avoir atteint la dixiéme année. Enfin, Josephe marque (comme je l'ay déja dit) une éclipse de lune l'an de la mort du grand Herodes ; les Mathematiciens en ont supputé une en l'an Julien 42, le 3. de Mars trois heures aprés minuit ; & ainsi il est mort cette année-là.

Ce dernier point me paroît achever la preuve de ma proposition, & ne laisser aucun lieu de douter de ce systheme.

Au reste, je ne me fais pas une difficulté sur le Testament du grand Herodes, lequel, selon les clauses que ce Prince y avoit inse-

rées, devoit être ratifié par l'Empereur: car
perſonne n'ignore que ces ſortes de clauſes
ne fondent aucun interregne, & que la nomination ſeule d'un ſucceſſeur teſtamentaire
ſuffit pour compter les années du regne par
celle de la mort du Teſtateur.

On voit cela tous les jours dans la pratique ordinaire des Hiſtoriens, leſquels non-
obſtant les delais que les Princes apportent
quelquefois à leur couronnement, & ceux
des feudataires pour prêter le ſerment de fi-
delité, ne laiſſent pas de compter les années
des regnes de ceux ci, par celles de la mort
de leurs predeceſſeurs.

Ainſi vit-on que l'on comptâ les années d'Archelaüs ſucceſſeur du grand Herodes par celle de la mort de ſon pere ; puis que ſous le
Conſulat d'Æmilius & d'Aruncius on com-
ptoit la 9. année de ſon regne, & même la
dixiéme, qui ne commença que le dernier
mois de cette année.

On vit auſſi d'abord aprés la mort du grand
Herodes, & avant la ratification de ſon Teſtament, Archelaüs prendre la conduite du
Royaume: tout s'adreſſa à luy pour la re-
formation & le bon ordre de l'Etat : Il fit
même une juſtice rigoureuſe de quelques ſe-
ditieux. Et l'Empereur, devant lequel on fit
un crime à ce Prince d'avoir uſé des droits
de la Royauté avant que d'être confirmé

fur le Trône, ne defapprouva pas fa conduite : au contraire, il luy laiffa une partie de ce que fon pere luy avoit donné.

Voilà, MONSIEUR, toutes les confequences que je tire de cette Médaille, il me paroît que par fon moyen toute cette Chronologie eft juftifiée, toutes les difficultez éclaircies, les regnes réglez, les années fupputées & réduites aux années de Rome conformément à la Chronologie de Jofephe & de Dion ; & enfin voilà Jofephe pleinement juftifié des calomnies qu'on luy impofe.

Je vous demande pardon, MONSIEUR, d'avoir été fi long, j'ay ménagé un peu moins que je ne devois le temps que vous donnez fi utilement aux affaires importantes que vous avez entre les mains ; je fouhaite cependant que vous ne trouviez dans cette lettre autre chofe à dire que fa longueur. Si cela étoit je m'eftimerois fort heureux, & plus encore fi elle fervoit à mériter la bonne opinion que vous avez de moy, & la bienveillance dont vous m'honorez. Je fuis avec un profond refpect,

MONSIEUR,

Voftre tres-humble & tres obeiffant ferviteur,
RIGORD.

De Marfeille le 10. Septembre 1689.

DISSERTATION